Culture économique I numéro **7**

LE MODÈLE
MUNDELL-FLEMING

— Au cœur de la macroéconomie internationale

par Jean Blaise Mimbang

50MINUTES

LE MODÈLE DE MUNDELL-FLEMING

- **Dénominations ?** Modèle de Mundell-Fleming, modèle IS-LM en économie ouverte, modèle IS-LM-BP.
- **Usages ?** Ce modèle est au cœur de la macroéconomie internationale puisqu'il englobe le commerce extérieur en plus des mouvements des capitaux en économie fermée (à l'échelle nationale). Il correspond :
  - au modèle de base du FMI (Fonds monétaire international) ;
  - à l'argument théorique en faveur de l'institution d'une union monétaire européenne ;
  - au cadre général de la politique économique au sein de la zone euro.
- **Raisons de son efficacité ?** Le modèle de Mundell-Fleming :
  - permet de comprendre comment le choix entre le taux de change fixe et le taux de change variable affecte l'efficacité des politiques économiques dans une économie ouverte aux échanges internationaux ;
  - généralise la théorie keynésienne dans le cas d'une économie ouverte au reste du monde ;
  - permet d'anticiper les effets de l'effondrement des droits de douane et l'explosion des marchés des capitaux ainsi que la transmission internationale des chocs monétaires en économie ;
  - montre comment un pays peut utiliser les politiques budgé-taire et monétaire pour atteindre simultanément l'équilibre au sein de ses frontières, mais aussi en dehors de celles-ci ;
  - affirme que la politique monétaire en changes flexibles ainsi que la politique budgétaire en changes fixes sont efficaces ;
  - justifie l'idée selon laquelle la Banque centrale européenne doit être indépendante et responsable de la stabilité des prix afin de ne pas inonder le marché de monnaie, ce qui ferait perdre à celle-ci toute sa valeur.

- **Mots-clés ?**
  - <u>Ancrage d'une devise</u> : lien qui fixe totalement la valeur d'une monnaie par rapport à une autre avec des possibilités de fluctuations très limitées par rapport au cours de référence.
  - <u>Économie ouverte</u> : économie qui participe librement au commerce international et pour laquelle les exportations représentent une part importante du produit intérieur brut (PIB).
  - <u>Système monétaire européen (SME)</u> : système basé sur le principe du taux de change stable entre les monnaies des pays membres du SME. Ce système s'appuyait sur l'ECU (*European Currency Unit* ou « Unité de compte européenne », panier de monnaies des pays de la communauté économique européenne, CEE, puis de l'Union européenne avant l'adoption de l'euro). Il a été adopté par le Conseil européen de Brême de juillet 1878 et par le Conseil européen de Bruxelles de décembre 1978.
  - <u>Balance des paiements (BP)</u> : bilan comptable à une période déterminée de l'ensemble des mouvements des biens et des services, des capitaux et des monnaies à travers les frontières d'un pays.
  - <u>Bande de fluctuation</u> : régime de change qui définit la parité fixe d'une monnaie nationale par rapport à une devise (monnaie étrangère), et qui permet en outre des fluctuations par rapport à son cours de référence.
  - <u>Devise</u> : monnaie étrangère qu'on peut échanger avec une monnaie nationale.
  - <u>Cours pivot</u> : cours officiel d'une monnaie par rapport à une autre. Dans le SME (système monétaire européen), le cours pivot est la parité officielle d'une monnaie exprimée en écu.
  - <u>Monnaie</u> : ensemble des moyens de paiement utilisé dans un pays.
  - <u>Parité (centrale/glissante)</u> : taux de change fixe défini par rapport à un étalon de référence et qui détermine la conversion d'une monnaie en une autre. La parité peut être centrale,

lorsque les Banques centrales informent les marchés sur la parité considérée comme souhaitable ; ou glissante, lorsque le taux de change est fixé périodiquement.

- Taux d'intérêt : prime de renonciation à la consommation ou à l'utilisation immédiate de la monnaie.
- Taux de change ou cours de change (e) : prix d'une devise exprimée en monnaie nationale. En d'autres termes, c'est la quantité de monnaie nationale nécessaire pour se procurer une unité de monnaie étrangère.
- Triangle des incompatibilités : mis au point par l'économiste canadien Robert A. Mundell (né en 1932), ce triangle témoigne de l'incompatibilité entre l'autonomie de la politique monétaire, le taux de change fixe et la mobilité internationale des capitaux.
- Zones monétaires optimales : zones géographiques à l'intérieur desquelles le taux de change fixe est la meilleure solution sur le plan interne, et le taux de change variable la meilleure solution sur le plan externe.

Puisque le développement économique des pays se traduit par la mobilité de plus en plus importante des capitaux et par la multiplication des échanges internationaux, on observe un renforcement des relations d'interdépendance entre les économies du monde. Outre les flux de marchandises représentés par les importations et les exportations de biens et services, les relations entre les pays concernent également les paiements internationaux, du fait des différentes monnaies qu'il existe selon que l'on se trouve dans tel ou tel espace économique.

Une bonne compréhension des échanges internationaux et des conséquences que peuvent engendrer les transactions réalisées par les résidents d'un pays avec l'étranger apparaît dès lors centrale. Le modèle de Mundell-Fleming se propose de conceptualiser ce besoin d'intégrer dans le modèle d'analyse de l'équilibre macroéconomique national (modèle IS/LM), les échanges internationaux. Ce faisant, on obtient un équilibre macroéconomique en économie ouverte.

DÉFINITION DU MODÈLE

Le modèle de Mundell-Fleming est une extension en économie ouverte du célèbre modèle d'équilibre macroéconomique IS-LM, proposé en 1937 par John R. Hicks (économiste britannique, 1904-1989) et Alvin H. Hansen (économiste américain, 1887-1975). Présenté par les économistes de renom, Robert Mundell et Marcus Fleming (économiste écossais, 1911-1976), il permet d'analyser le rôle joué par la mobilité internationale des capitaux dans l'efficacité de la politique macroéconomique sous différents régimes de change.

THÉORIE – PRÉSENTATION DU MODÈLE MACROÉCONOMIQUE

Le modèle de Mundell-Fleming voit le jour au début des années soixante dans un contexte d'après-guerre relativement frileux. À cette époque, de nombreux pays sont liés par le système monétaire de Bretton Woods qui prône des changes fixes et une faible mobilité des capitaux à l'échelle internationale.

L'ORIGINE DU MODÈLE DE MUNDELL-FLEMING

Le modèle de Mundell-Fleming est pour l'essentiel une extension du modèle IS-LM qui est lui-même une transcription en termes néoclassiques des éléments de la *Théorie générale de l'emploi, de l'intérêt et de la monnaie* (1936) de John M. Keynes (économiste britannique, 1883-1946).

Les politiques keynésiennes et le rôle de l'État

Selon Keynes, les économies modernes se caractérisent par un ajustement imparfait des prix (rigidité des prix), qui ne permet pas de coordonner les actions des différents agents économiques. Il en résulte un déséquilibre du marché des biens et du chômage sur le marché du travail (équilibre de sous-emploi). L'intervention de l'État s'avère donc nécessaire pour corriger ces imperfections.

Le rôle régulateur de l'État peut s'effectuer au moyen de différents instruments que sont :

- **la politique budgétaire.** Le budget de l'État représente son principal instrument pour agir sur l'économie. Une hausse des dépenses publiques permet d'accroître la demande, ce qui, sous l'hypothèse de la rigidité des prix, entraîne un accroissement de la production et de l'emploi ;
- **la politique fiscale.** Elle consiste à baisser les impôts pour permettre une reprise de la consommation des ménages. Il convient de noter qu'en économie fermée, la politique fiscale est moins efficace que la politique budgétaire pour la simple raison qu'une baisse des impôts se traduit par une augmentation du revenu disponible, lequel n'est pas entièrement consommé (une partie est épargnée, et l'épargne est une fuite). L'efficacité d'une politique de relance budgétaire ou fiscale peut être altérée par l'augmentation du taux d'intérêt, l'ouverture de l'économie aux échanges internationaux et l'augmentation de la dette publique ainsi que par le degré de mobilité internationale des capitaux ;
- **la politique monétaire.** La politique monétaire a pour objectif de procurer à l'économie d'un pays la quantité de monnaie nécessaire à la croissance économique et à la réalisation du plein emploi tout en respectant la stabilité des prix (au niveau interne) et la stabilité du change (au niveau externe). Lorsque l'offre de la monnaie est

supérieure à sa demande, le rôle de la politique monétaire est de permettre une détente du taux d'intérêt nécessaire à la reprise des investissements. L'effet sur l'activité est indirect. C'est pourquoi la politique monétaire a un rôle accompagnateur de la politique budgétaire pour les keynésiens (*policy mix*). L'efficacité de ce type de politique dépend de la prise en compte du fait que le taux d'intérêt n'est pas le seul canal de transmission de la politique monétaire. De plus, il convient de s'assurer que l'offre de monnaie entraîne une baisse des taux d'intérêt. Enfin, cette politique est aussi liée à la mobilité internationale des capitaux.

Les politiques étatiques

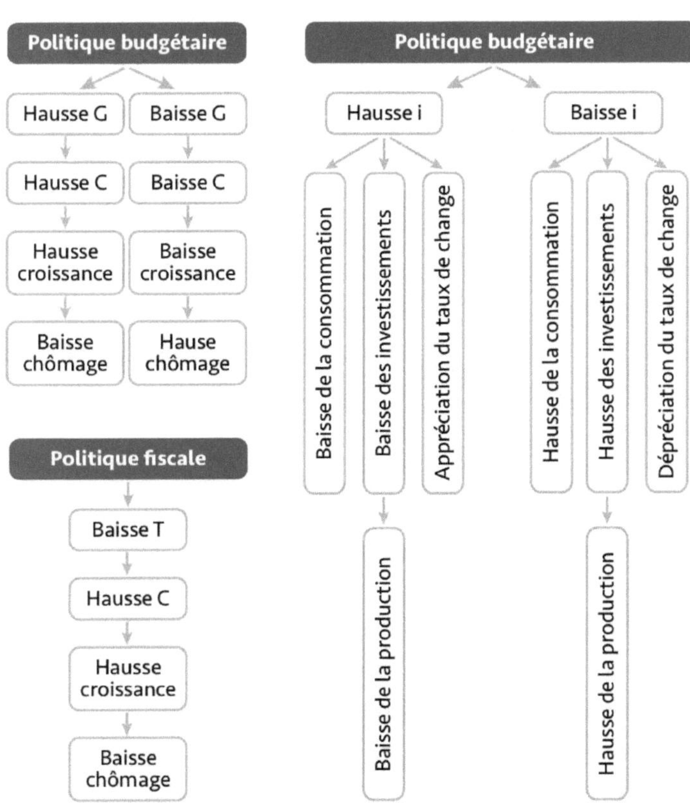

**Le modèle IS-LM pour comprendre l'équilibre
de l'économie des marchés**

Héritier de la pensée keynésienne, John R. Hicks (économiste britannique, 1904-1989), propose le modèle IS-LM dans un article daté de 1937 et publié dans la revue *Econometrica*, intitulé « Mr Keynes and The Classics: a Suggested Interpretation ». Il y considère conjointement le marché des biens et les marchés des services. Cet article sera complété en 1953 par les travaux d'Alvin H. Hansen (économiste américain, 1887-1975) dans son livre *Théorie monétaire et politique fiscale*. Cette publication synthétise le contenu de la *Théorie générale de l'emploi, de l'intérêt et de la monnaie* de Keynes.

Pour les économistes postkeynésiens tels que Friedrich August Von Hayek (philosophe et économiste autrichien, 1899-1992) et Milton Friedman (économiste américain, 1912-2006), la pensée de Keynes ne peut se résumer à de simples équations. Hayek rappelle d'ailleurs que l'application de cette théorie a conduit à l'inflation et au chômage. Pour Friedman, le marché est le mécanisme d'allocation optimale des ressources. De ce fait, une politique monétaire ne fonctionne que temporairement. Malgré ces critiques, le modèle IS-LM reste aujourd'hui un excellent outil pour comprendre et analyser les politiques économiques en vigueur dans les différents États à travers le monde.

COMMENT FONCTIONNE LE MODÈLE IS-LM ?

Les hypothèses à la base du modèle IS-LM sont :

- à court terme, les prix sont fixes et l'équilibre se fait par l'ajustement des quantités selon la loi de l'offre et de la demande ;
- la création de monnaie est endogène, autrement dit, les autorités ont la possibilité de faire varier l'offre de monnaie à leur guise ;
- le modèle vaut en économie fermée.

Le modèle IS-LM rend compte des dynamiques de deux marchés : celui des biens et services, ainsi que celui de la monnaie. Les biens sont soit consommés (on parle de « biens de consommation »), soit investis (on parle de « biens d'équipement »). La monnaie est demandée par les agents économiques (entreprises et ménages) pour des motifs de revenu (afin de combler l'intervalle entre l'encaisse-ment et le décaissement), de précaution (afin de faire face à des dépenses imprévues), de spéculation (afin d'acheter des titres à but spéculatif) et pour des motifs d'entreprise ou de ménage (afin de couvrir les dépenses de la vie courante).

Le modèle se présente sous forme de deux courbes, l'une rendant compte de l'équilibre sur le marché des biens et services (IS), l'autre de l'équilibre sur le marché de la monnaie (LM). Le modèle permet de déterminer simultanément l'équilibre sur ces deux marchés en établissant des relations entre le taux d'intérêt (i) et le niveau d'activité encore appelé niveau de production ou de revenus (Y).

La courbe IS

La courbe IS représente l'ensemble des combinaisons de taux d'intérêt (i) et de revenus (Y) qui assurent l'équilibre sur le marché des biens et des services. Sur ce marché, le niveau général des prix étant donné, le revenu (Y) se partage entre la consommation (C) et l'épargne (S) ($Y = C + S$), et entre la consommation et les biens d'équipement (I) ($Y = C + I$).

Si l'on considère que tous les revenus tirés de la production sont effectivement distribués, soit $Y = Y$, alors on obtient l'équilibre macroéconomique $C + S = C + I$ et $I = S$, que l'on peut encore exprimer sous la forme $I(i) = S(Y)$.

- **L'investissement est une fonction décroissante du taux d'intérêt** (car la hausse des taux d'intérêt augmente le coût de financement pour les entreprises et réduit la rentabilité des investissements).
- **L'épargne est une fonction croissante du revenu** (plus on est riche, plus on épargne).

Ainsi, il existe une relation décroissante entre le revenu (Y) et le taux d'intérêt (i). Si le taux d'intérêt augmente, l'investissement diminue. Par le jeu du multiplicateur, l'investissement affecte le niveau de la production. La courbe IS est donc décroissante et se représente comme suit :

La courbe IS

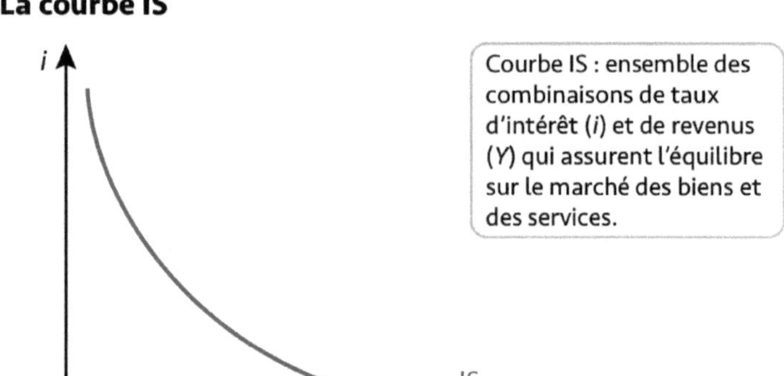

Modèle Mundell-Fleming © 50MINUTES.com

La courbe LM

La courbe LM représente l'ensemble des combinaisons de taux d'intérêt (i) et de revenus (Y) qui assurent l'équilibre sur le marché monétaire. Sur ce marché, l'offre de monnaie (M) est déterminée par la Banque nationale. La demande de monnaie L (L, pour liquidité) se décompose en demande d'encaisses (cash) pour des transactions (motifs de revenu, de précaution et d'entreprise ou de ménage) et de spéculation.

- **La demande d'encaisses de transactions ($L1$) est une fonction croissante du niveau de revenu** (plus on riche, plus on dépense, et plus on a besoin des moyens de paiement) ; $M1 = L1(Y)$.
- **La demande d'encaisses de spéculation ($L2$) est une fonction décroissante du taux d'intérêt** (plus le taux d'intérêt augmente, moins il est intéressant de conserver de la monnaie, et plus les perspectives de placer son épargne sont favorables).

La courbe s'explique par le fait que les spéculateurs conservent leurs encaisses monétaires lorsque les cours des titres financiers sont élevés, car ils anticipent leur baisse. Quand les cours chutent, ils les utilisent pour acheter des titres afin de réaliser une plus-value ; $M2 = L2(i)$.

La demande de monnaie totale correspond à la somme de la demande d'encaisses de transactions ($L1$) et de la demande d'encaisses de spéculation ($L2$) :

$$M = M1 + M2$$
$$\text{soit } M = L1(Y) + L2(i)$$

Dans le cadre de la courbe LM, il existe une relation croissante entre le taux d'intérêt (i) et le revenu (Y). Plus le niveau d'activité est élevé – et donc le revenu est élevé –, plus la demande de monnaie pour les transactions est importante. L'offre de monnaie étant fixée, le taux d'intérêt doit diminuer (la demande est supérieure à l'offre de monnaie). À l'équilibre sur le marché de la monnaie, la relation entre le taux d'intérêt (i) et le revenu (Y) est croissante. La courbe LM se représente comme suit :

La courbe LM

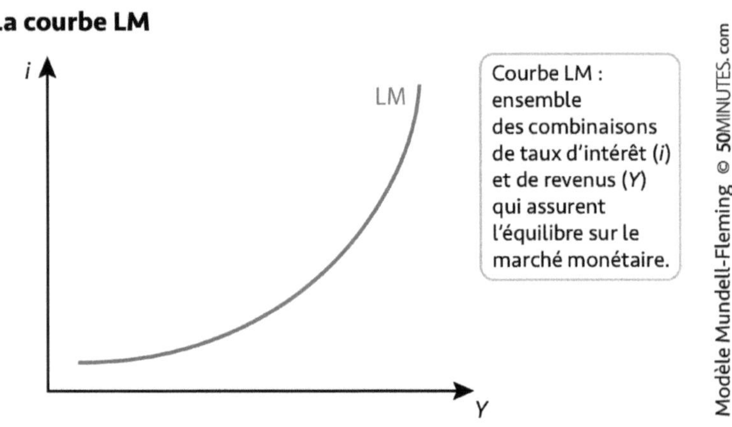

L'inclinaison de la courbe LM est déterminante pour comprendre les effets d'une modification du taux d'intérêt et/ou du revenu sur l'équilibre macroéconomique. Lorsque la courbe LM est peu inclinée, une variation de l'activité économique a peu d'effet sur le taux d'intérêt. À l'inverse, quand la pente est forte, une faible variation du revenu peut occasionner une forte variation du taux d'intérêt.

De plus, la forme de la courbe LM dépend des fonctions mathématiques de la demande de monnaie (transaction et spéculation). Elle peut ainsi être découpée en trois étapes successives :

- **la première étape correspond à la trappe de liquidité** (le taux d'intérêt est tellement faible que les agents acceptent de réduire leurs encaisses spéculatives pour financer les transactions supplémentaires sans hausse du taux d'intérêt) ;

- **la deuxième étape montre la demande de monnaie comme étant imparfaitement élastique au taux d'intérêt** (il faut une augmentation du taux d'intérêt pour réduire les encaisses spéculatives et financer le développement de l'activité économique) ;
- **la troisième étape montre les encaisses spéculatives nulles** (la demande de monnaie est parfaitement inélastique au taux d'intérêt. Une hausse du taux d'intérêt ne permet pas de dégager les encaisses nécessaires au financement de l'activité économique).

La courbe IS-LM

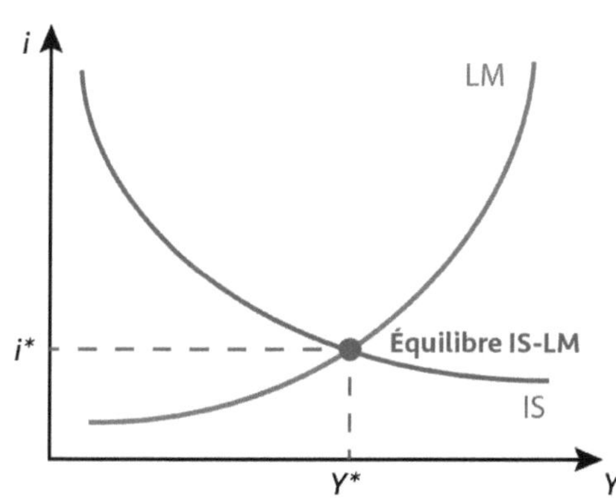

L'intersection des courbes IS-LM donne l'équilibre du modèle IS-LM (i^*, Y^*). Cet équilibre repose sur le couple (i, Y) qui vérifie à la fois l'équilibre sur le marché des biens et des services (courbe IS) et l'équilibre sur le marché de la monnaie (courbe LM).

Utilisations du modèle IS-LM

Contrairement à l'hypothèse de la dichotomie (la sphère réelle opposée à la sphère monétaire) chère aux néoclassiques, le modèle IS-LM démontre qu'il existe des interactions entre le marché des biens et services et le marché de la monnaie. Ce modèle permet de mettre en évidence les différentes variantes de la politique expansionniste pour en analyser l'efficacité.

- **Une politique budgétaire expansionniste** consiste à augmenter les dépenses publiques de manière à exercer un effet multiplicateur sur la production et l'activité économique à masse monétaire inchangée. Les effets d'une telle politique se mesurent par le déplacement vers la droite de la courbe IS. Au final, une hausse des dépenses publiques entraîne un effet multiplicateur, une hausse de la demande de monnaie de transaction, une hausse du taux d'intérêt et la baisse de l'investissement.

- **Une politique monétaire expansionniste** se traduit par une augmentation de l'offre de monnaie et donc par un déplacement vers la droite de la courbe LM. Cette hausse de l'offre de monnaie entraînera une baisse du taux d'intérêt, une hausse de l'investissement et un effet multiplicateur sur le niveau d'activité.

- **La combinaison des politiques monétaire et budgétaire (*policy mix*)** est une autre manière d'atteindre l'objectif de plein emploi sur le marché des biens et services et sur le marché de la monnaie. Cette politique s'utilise lorsque le déficit public occasionné par la politique budgétaire est financé par l'émission de la monnaie. Elle engendre un déplacement vers la droite de la courbe IS et un déplacement vers la droite de la courbe LM. Dès lors, l'effet pervers de la politique budgétaire (hausse du taux d'intérêt et baisse de l'investissement) est neutralisé par la politique monétaire qui maintient le taux d'intérêt constant.

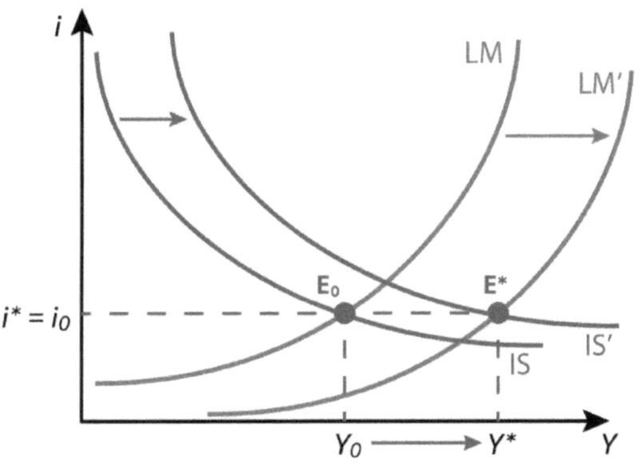

Les mouvements des courbes IS-LM en *policy mix*

QU'EST-CE QUE MODÈLE DE MUNDELL-FLEMING ?

Dès lors que les pays s'ouvrent au commerce international, le modèle IS-LM n'est plus opératoire en ce qu'il ne révèle pas la réalité économique des États. Le modèle IS-LM-BP ou modèle de Mundell-Fleming a été développé en réponse à cette critique.

La balance des paiements

Les échanges internationaux revêtent un aspect particulier pour deux raisons essentielles :

- l'existence des frontières qui délimitent les espaces économiques ;
- l'absence de monnaie universelle. Pour importer ou placer des capitaux à l'étranger, il faut disposer des moyens de paiement étrangers. Or, un pays ne peut se procurer ces moyens qu'en exportant des marchandises ou en recevant des capitaux étrangers.

Il s'avère dès lors nécessaire pour chaque nation de mesurer et de comptabiliser ses échanges avec l'étranger. Étant donné que les résidents d'un pays ne peuvent se procurer des marchandises dans les autres pays qu'à l'aide de la monnaie nationale, ceux-ci doivent disposer de devises (monnaie étrangère qu'on peut échanger contre de la monnaie nationale ; il peut s'agir de la monnaie réelle, fiduciaire, scripturale ou de billets de banque). À défaut d'en obtenir par le biais des opérations d'échange d'actifs réels (biens immobiliers, œuvres d'art, pierres précieuses, etc.) ou financiers, le pays doit s'endetter auprès du reste du monde pour satisfaire la demande de ses résidents. Le remboursement de cette dette devra se faire tôt ou tard par la cession d'une partie du produit national aux pays créanciers. Finalement, c'est toujours parce qu'il a vendu des produits au reste du monde qu'un pays peut de son côté se procurer des biens à l'étranger (commerce international). Si un pays n'a rien à vendre ou à échanger avec le reste du monde, il devra s'endetter vis-à-vis des autres nations.

On comprend dans ces conditions, pourquoi un pays se doit de connaître le plus précisément possible l'état et l'évolution des échanges économiques qu'il réalise avec le reste du monde. Les mouvements divers de marchandises et de capitaux influent en effet sur le fonctionnement interne des économies nationales. Cette influence est évaluée grâce à l'établissement de la balance des paiements, qui elle-même permet d'évaluer l'importance et le degré de dépendance économique des échanges internationaux dans l'activité d'un pays.

L'objectif de la balance de paiement n'est pas de faire apparaître l'équilibre des échanges avec l'extérieur, mais bien de dégager la manière dont l'équilibre des recettes et des dépenses a pu être réalisé à un moment donné.

La construction de la courbe de la balance des paiements (courbe BP)

Pour saisir les conséquences des échanges internationaux sur l'équilibre intérieur, il faut, ainsi que l'ont montré Robert Mundell et Marcus Fleming, intégrer l'équilibre de la balance des paiements au modèle IS-LM.

Du fait du double enregistrement des flux, le solde de la balance des paiements est toujours nul. Si nous désignons par BP le solde global de la balance des paiements, par BTC le solde de la balance des transactions courantes, et par BK le solde de la balance des capitaux, nous pouvons écrire :

$$BP = BTC + BK = 0$$
$$\text{soit } BTC = -BK$$

- **Le niveau d'équilibre de la balance des transactions courantes dépend du revenu national Y ($BTC = BTC(Y)$).** Plus le produit national est élevé, plus la capacité d'exporter et d'importer est grande. La balance des capitaux est précédée du signe négatif car les mouvements monétaires sont comptés dans la balance financière au sens large. Nous n'entrerons pas ici dans le détail de ce type d'analyse, mais pour ceux qui le souhaitent, nous vous invitons à approfondir le sujet via cet article.
- **Les mouvements de capitaux, quant à eux, dépendent du taux d'intérêt i.** En réalité, ces mouvements sont fonction du différentiel entre le taux d'intérêt intérieur et les taux d'intérêt extérieurs. Toutefois par souci de simplification, nous ne tenons compte que du taux d'intérêt intérieur et de ses variations.

De même, nous faisons abstraction des variations possibles du cours de la monnaie nationale (hypothèse du taux de change fixe) et supposons que les prix intérieurs sont fixes. Nous pouvons donc raisonnablement écrire :

$$BK = BK(i)$$

Il s'en suit que l'équilibre de la balance des paiements (BP), peut s'écrire :

$$BP(Y,i) = BTC(Y) + BK(i) = 0$$
$$\text{soit } BTC(Y) = - BK(i)$$

La courbe BP représente l'ensemble des couples (Y,i) pour lesquels est réalisé l'équilibre de la balance des paiements. Pour sa construction, nous n'avons pas tenu compte des variations possibles du cours de la monnaie nationale et supposé que les prix intérieurs étaient fixes. Sa forme linéaire résulte des hypothèses de départ. Elle se représente comme suit :

La courbe BP

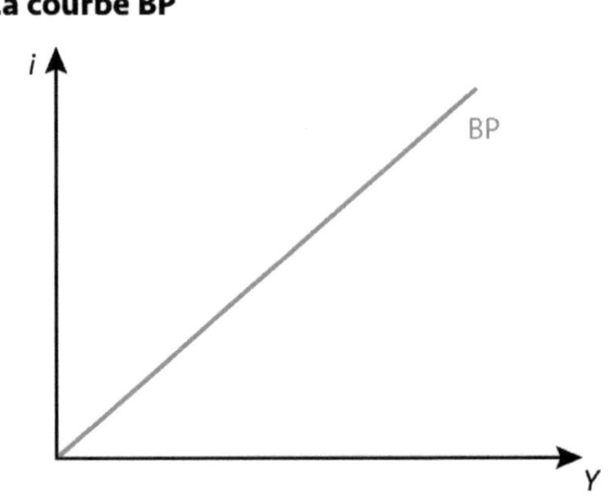

Grâce à la droite de la balance des paiements, il est possible de caractériser les liens de cause à effet qui peuvent s'établir entre l'activité intérieure d'un pays et les échanges que ce dernier réalise avec le reste du monde. Ainsi, pour un taux d'intérêt intérieur donné, toute augmentation du revenu national se traduira par une augmentation des importations qui, si elles ne sont pas compensées par une augmentation des exportations, provoquera une dégradation de la balance des transactions courantes et donc de la balance des paiements. Comme expliqué plus haut, une hausse du taux d'intérêt entraînera un ralentissement de l'investissement intérieur.

Il convient de noter que la pente de la courbe BP dépend dans une large mesure de la mobilité internationale des capitaux, mobilité qui elle-même dépend du différentiel entre le taux d'intérêt domestique et les taux d'intérêt pratiqués dans les autres pays, mais aussi des restrictions éventuelles imposées par les pays au niveau de l'entrée ou de la sortie des capitaux du territoire national.

- **Si la balance des paiements est déficitaire (BP < 0),** les agents nationaux demandent globalement plus de biens et/ou de titres étrangers que les agents étrangers ne demandent de bien et/ou de titres domestiques. Sur le marché de change, on observe donc une demande excédentaire de devises étrangères contre la monnaie domestique.
- **Au contraire, si la balance des paiements est excédentaire (BP > 0),** les agents étrangers demandent globalement plus de biens et/ou de titres nationaux que les agents nationaux ne demandent de biens et/ou de titres étrangers. Sur le marché des changes, on observe une offre excédentaire de devises étrangères contre de la monnaie domestique.

Le taux de change

Puisque les agents nationaux doivent régler leurs achats de biens et de titres étrangers en devise étrangère, ils seront obligés de convertir auprès de leur système bancaire national de la monnaie domestique. D'une manière générale, les créanciers internationaux souhaitent être payés dans la monnaie de leur pays et, bien que vendant leurs produits à l'étranger, ils ont également besoin de la monnaie du pays dans lequel ils exercent leur activité pour y effectuer des paiements. Les différentes opérations enregistrées dans la balance des paiements nécessitent une conversion des devises en monnaie nationale. Un marché où une monnaie nationale peut être échangée contre la monnaie d'un autre pays est appelé « marché de changes ».

- **La détermination du taux de change.** Le taux de change résulte de la confrontation entre l'offre et la demande de devises. L'offre de devises émane de l'étranger qui souhaite acquérir des marchandises et/ou des devises domestiques, tandis que la demande de devises provient d'une entité qui désire obtenir des titres financiers et/ou de la monnaie d'un autre pays. Ainsi, le flux de marchandises et de capitaux à travers les frontières des pays dépend de la valeur du taux de change.

TAUX DE CHANGE ET APPRÉCIATION DE LA MONNAIE

Pour rappel, le taux de change ou cours de change est le prix d'une devise exprimée en monnaie nationale. En d'autres termes, c'est la quantité de monnaie nationale nécessaire pour se procurer une unité de monnaie étrangère.

- **Ainsi, une monnaie s'est appréciée (prend de la valeur) ou est réévaluée** lorsqu'il faut moins de monnaie nationale pour se procurer la devise d'un pays considéré. On dit encore que le taux de change de la monnaie du pays étranger considéré a baissé.
- **Par contre, une monnaie nationale s'est dépréciée ou est dévaluée** par rapport à une autre lorsque son taux de change a baissé, c'est-à-dire qu'elle vaut moins que l'autre monnaie. Il faut moins de devises pour se procurer une unité de la monnaie du pays considéré. Une dépréciation de la monnaie entraîne une hausse des exportations et une baisse des importations.

Toutes choses égales par ailleurs, cette situation se traduit par un excédent de la balance des transactions et donc par un accroissement du revenu. Les termes « réévaluation » et « dévaluation » sont généralement réservés pour désigner les changements de parité d'une monnaie dans un régime de changes fixes.

- **Les différents régimes de taux de change.** Au sens strict, nous distinguons deux régimes de taux de change :
  - le régime de taux de change fixe, qui empêche la monnaie nationale de varier par rapport aux devises ;
  - le régime de taux de change variable, autrement dit le cours des monnaies, qui se détermine librement par le marché de changes sans intervention des Banques centrales de chaque pays.

Dans la réalité, l'une et l'autre situation se rencontrent rarement. En pratique, on parle de taux de change fixe lorsque les monnaies peuvent fluctuer à la marge sous le contrôle des autorités monétaires qui définissent la parité (taux de change fixe défini par rapport à un étalon de référence qui détermine la conversion d'une monnaie en une autre). Ceci signifie que les fluctuations sont temporaires et minimes et qu'elles alternent avec des périodes durant lesquelles le taux de change est fixe.

Pour notre part, nous aborderons une situation de changes fixes (fluctuation temporaires et minimes qui alternent avec des périodes durant lesquelles le taux de change est fixe) et un régime de change plus ou moins contrôlé par les autorités monétaires du pays (taux de change dit « flexible » ou « flottant »).

Présentation du modèle de Mundell-Fleming

Les hypothèses à la base du modèle doivent être les suivantes :

- petite économie ouverte (en référence à la taille de l'économie nationale comparée à celle du monde) ;

- parfaite mobilité des capitaux ;
- taux d'intérêt et taux de change parfaitement flexibles (plus ou moins contrôlé par les autorités monétaires) ;
- prix supposés constants ;
- capacité des investisseurs à anticiper le taux de change futur ;
- rigidité à la baisse des prix et salaires (équilibre de sous-emploi des facteurs de production).

Le modèle de Mundell-Fleming permet d'analyser le rôle joué par la mobilité internationale des capitaux dans l'efficacité de la politique macroéconomique sous différents régimes de change. À partir du modèle de base IS-LM en économie fermée est ainsi introduite la contrainte liée à la balance de paiements. Nous pouvons dès lors représenter l'équilibre macroéconomique en économie ouverte par la superposition du schéma IS-LM et de la courbe de la balance des paiements (BP).

Comme exposé plus haut :

- la courbe IS représente l'ensemble des combinaisons de taux d'intérêt (i) et de revenus (Y) qui assurent l'équilibre sur le marché des biens et des services ;

$$IS : I(i) = S(Y)$$

- la courbe LM représente l'ensemble des combinaisons de taux d'intérêt (i) et de revenus (Y) qui assurent l'équilibre sur le marché monétaire.

$$LM : M = L1(Y) + L2(i)$$

Enfin, la courbe de la balance de paiements (BP) est aussi fonction du revenu (Y) et du taux d'intérêt (i) :

$$BP = BTC\ (Y) + BK(i)$$

Sachant que la balance des transactions courantes (BTC) est égale à la balance commerciale (X-M), la balance des paiements peut encore s'exprimée de la manière suivante :

$$BP = X - M(Y) + BK(i)$$

L'équilibre macroéconomique global se présente comme suit :

Équilibre macroéconomique

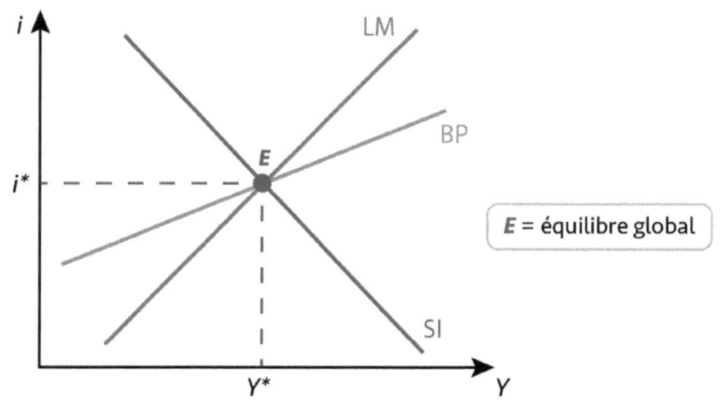

L'équilibre global correspond à l'équilibre simultané sur le marché des biens et des services (courbe IS représentée sous forme d'une droite par soucis de clarté), le marché de la monnaie (courbe LM représentée sous forme d'une droite par souci de clarté) et le marché des échanges avec l'extérieur (courbe BP). Cet équilibre est défini à l'intersection des courbes IS-LM-BP. En ce point E, les trois marchés sont simultanément en équilibre pour un couple unique (Y^*, i^*), mais aussi pour un taux de change donné. Bien qu'il n'apparaisse pas dans le graphique car ne dépendant pas directement du taux d'intérêt (i) et du niveau de production (Y), le taux de change (e) participe bien à l'équilibre macroéconomique global. Son influence dépend du régime auquel il est soumis. :

- **en régime de taux de change flexible**, e intervient comme une variable d'ajustement des flux de biens et services avec l'extérieur et influence la courbe BP qui se déplace selon son évolution : vers la droite lorsque e augmente (on parle de dépréciation) et vers la gauche lorsque e diminue (on parle d'appréciation). Ces variations entraînent des déplacements de la courbe IS ;
- **en régime de taux de changes fixes** en revanche, e étant déterminé indépendamment des échanges avec l'extérieur, la courbe BP ne se déplace pas et les ajustements se font par l'intermédiaire des mesures affectant le taux d'intérêt et la quantité de monnaie. Ces variations affectent la courbe LM.

L'ÉQUILIBRE MACROÉCONOMIQUE GLOBAL EN FONCTION DU RÉGIME DE TAUX DE CHANGE

Théoriquement, puisque les mécanismes d'équilibre diffèrent selon le régime de taux de change, l'analyse des dispositifs d'ajustements macroéconomiques en économie ouverte amène à considérer séparément un régime de taux de change fixe et un autre taux de change flexible.

En pratique, nous rencontrons généralement une combinaison des deux situations ; un gouvernement, pour diverses raisons, bien que pris dans un système de changes fixes, peut par exemple choisir ou être contraint de s'écarter de son système de changes.

L'efficacité des politiques économiques

La politique budgétaire

Une politique budgétaire expansionniste (via une hausse des dépenses publiques ou une baisse des impôts) provoque le déplacement vers la droite de la courbe IS (IS vers IS'), toutes choses égales (c'est-à-dire que toutes les autres variables économiques, à l'exception des dépenses publiques et les paramètres de l'environnement, sont constants). Observons les effets en différenciant les changes flexibles et les changes fixes.

- En changes flexibles, la politique budgétaire se traduit par une hausse de la demande intérieure. Sur le marché des biens et des services (IS), les entreprises augmentent la production et le revenu croît (déplacement de la courbe IS vers IS'). Sur le marché de la monnaie, la hausse du revenu crée un excès de demande qui fait augmenter les taux d'intérêt. Cette appréciation de la monnaie réduit la compétitivité de l'économie nationale (détérioration de la balance commerciale). Comme nous sommes en économie ouverte, la hausse des taux d'intérêt attire les capitaux étrangers, faisant revenir le taux d'intérêt à son niveau initial (i_0). Ce flux de capitaux ne sera pas sans effet, car il entraînera une augmentation de la demande de monnaie. Graphiquement, cette situation est représentée de la manière suivante :

Politique budgétaire en changes flexibles

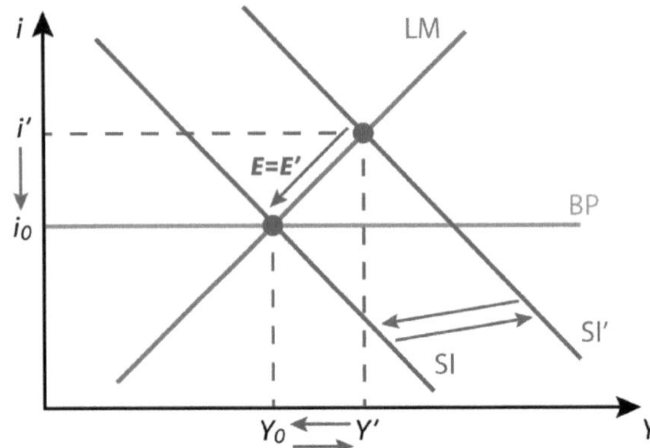

En changes flexibles, la politique budgétaire est inefficace dans le modèle de Mundell-Fleming.

- <u>En changes fixes,</u> la première partie du raisonnement est identique à celui de l'efficacité de la politique budgétaire en changes flexibles : baisse du taux d'intérêt (i' vers i_0), un revenu inchangé (Y_0 vers Y' puis de Y' vers Y_0). Puisque nous sommes en changes fixes, le taux de change ne peut s'écarter de son niveau d'équilibre initial (i_0) et les autorités monétaires doivent permettre à celui-ci d'y revenir. Il existe pour cela deux possibilités :
  - soit la Banque nationale augmente l'offre de monnaie en achetant des titres ou des devises étrangers jusqu'à ce que le cours revienne à son niveau d'origine ;
  - soit la Banque nationale laisse faire les spéculateurs. Afin de réaliser des profits, ceux-ci vont acheter des devises contre la monnaie nationale sur le marché des changes, puis revendre ces devises contre la monnaie nationale à la Banque nationale (qui finance l'achat des devises par la création monétaire).
  Dans les deux cas, la masse monétaire augmente et on assiste à un déplacement vers la droite de la courbe LM (LM vers LM'). Graphiquement, cette situation est représentée comme suit :

Politique budgétaire en changes fixes

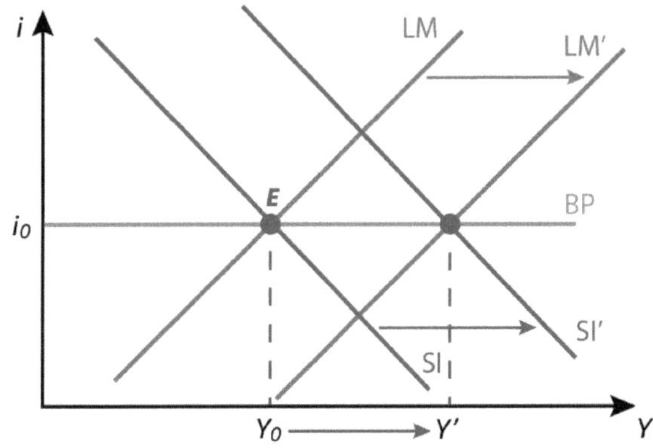

En changes fixes, la politique budgétaire est efficace. Le taux d'intérêt reste inchangé alors que l'on observe une augmentation du revenu (Y vers Y').

La politique monétaire

Une hausse de la masse monétaire (LM vers LM') réduit le taux d'intérêt et accroît le revenu. La hausse des revenus relance les importations qui détériorent la balance courante (ou balance commerciale X-M). La baisse des taux d'intérêt rend moins attractifs les titres domestiques (détérioration de la balance des capitaux). Les deux effets conjugués se traduisent par une détérioration de la balance globale des paiements et donc par un excès d'offre de monnaie nationale contre des devises sur le marché de changes (tendance à la détérioration de la monnaie nationale).

- En changes flexibles, le taux de change s'ajuste pour équilibrer le marché des changes, ce qui entraîne une dépréciation de la monnaie nationale (hausse du taux de change). La dépréciation améliore la compétitivité des produits domestiques ainsi que la balance courante (IS vers IS' et BP vers BP'), ce qui permet de rétablir l'équilibre sur le marché de changes. Le nouvel équilibre s'établit en *E'* pour un niveau de revenu plus élevé par rapport à l'équilibre initial. L'efficacité de la politique monétaire est liée à la dépréciation de la monnaie nationale qu'elle induit et qui stimule les exportations.

Politique monétaire en changes flexibles

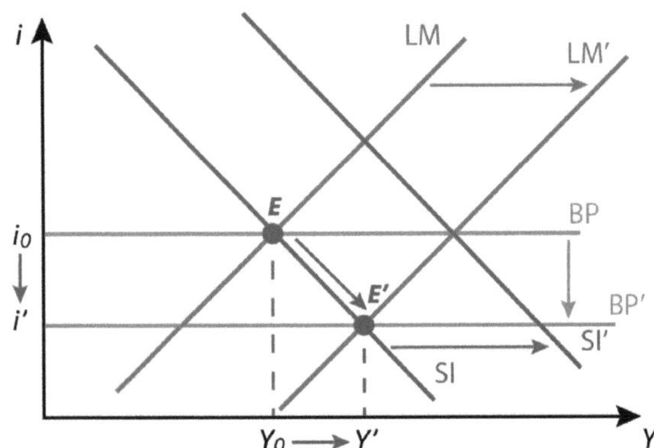

La politique monétaire reste efficace en changes flexibles sous l'hypothèse de la mobilité parfaite des capitaux, alors même que le taux d'intérêt domestique est identique au taux d'intérêt de l'étranger.

- En changes fixes, une hausse de la masse monétaire entraîne un déplacement vers la droite de la courbe LM (LM vers LM'). Ce déplacement a pour conséquence la baisse du taux d'intérêt et une tendance à la dépréciation du taux de change. Pour garantir la stabilité du taux de change et l'égalité entre le taux d'intérêt domestique et celui de l'étranger, la Banque nationale réduit la masse monétaire. Graphiquement la situation se présente comme suit :

Politique monétaire en changes fixes

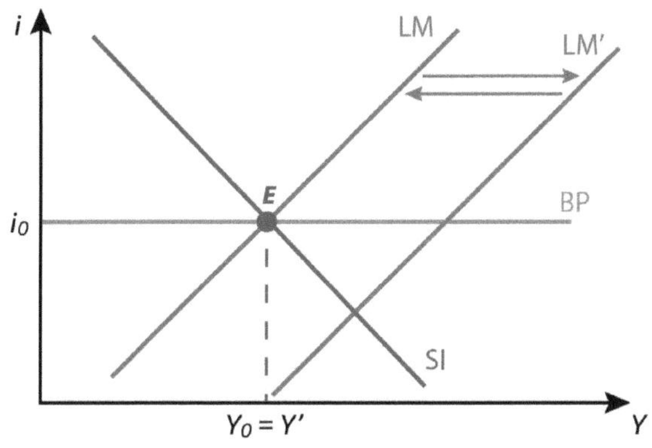

La politique monétaire en changes fixes est inefficace.

Le triangle des incompatibilités

Le triangle des incompatibilités de Mundell nous enseigne que l'on ne peut observer conjointement des changes fixes, une parfaite mobilité des capitaux et une politique monétaire indépendante (qui permet de fixer l'offre de la monnaie au niveau désiré). Il faut nécessairement renoncer à l'un de ces trois éléments.

Supposons, par exemple, que nous sommes en régime de changes fixes et de liberté de mouvements des capitaux. Cela signifie que la Banque centrale doit convertir en monnaie nationale les devises étrangères de tout agent économique soucieux de rentrer dans le marché national. Le taux de change étant donné, elle est obligée de créer de la monnaie nationale pour satisfaire cette demande étrangère et non pour maintenir la stabilité des prix. De ce fait, la politique monétaire n'est plus autonome (elle peut agir sur l'offre de la monnaie pour maintenir la stabilité des prix).

De la même manière, si les agents nationaux orientent beaucoup de capitaux vers l'étranger et donc convertissent beaucoup de monnaie nationale en devises étrangères, la Banque centrale ne peut qu'assister impuissante à cette réduction de la masse monétaire nationale. Ainsi la politique monétaire d'un pays est fortement conditionnée par l'internationalisation de son économie. Dans ce cas, le rôle de la Banque nationale se résume essentiellement à celui d'un agent de change.

Aujourd'hui, après la chute du système de Bretton Woods, qui avait lui-même succédé à un autre système de change fixe (celui de l'étalon-or), la plupart des monnaies sont en régime de changes flexibles. Il peut s'agir d'un moyen comme un autre de sauvegarder l'autonomie des politiques monétaires nationales dans un contexte international caractérisé par la liberté de circulation des capitaux.

Les zones monétaires optimales

Dans son article datant de 1961 sur « les zones monétaires optimales », Mundell s'interroge sur le bien-fondé, pour les pays, d'abandonner leur souveraineté monétaire au profit d'une monnaie unique.

Après avoir rapidement passé en revue les avantages d'une monnaie unique (dont notamment la baisse des coûts de transactions et la réduction de l'incertitude sur les prix relatifs – prix d'un bien en unité d'un autre bien), l'auteur en détaille les inconvénients. Le plus gros d'entre eux concerne la difficulté de coordination des politiques d'emploi à l'échelle de la zone monétaire suite aux chocs asymétriques qui peuvent survenir (chocs locaux ou communs dont les effets sont différenciés ou spécifiques à chaque membre, par opposition aux chocs symétriques qui sont des chocs qui affectent chaque membre avec le même impact).

Pour Mundell, une zone monétaire optimale représente un ensemble de régions ou de pays dont les relations monétaires sont régies soit par des changes fixes soit par une monnaie unique, tout en étant capables de répondre à des chocs symétriques, asymétriques ou réels.

D'autres chercheurs comme Jeffrey Frankel (professeur de la formation du capital et de la croissance à l'université d'Harvard) et Andrew K. Rose (professeur d'analyse de politiques économiques à l'université de Californie) ont apporté une contribution majeure à la problématique des zones monétaires optimales. Dans leur article « The Endogeneity of The Optimum Currency Area Criteria », (in *Economic Journal*, 1998, p. 1009-25), les auteurs affirment qu'une zone monétaire est optimale lorsque les économies des membres qui la composent sont corrélées (si une économie est en croissance, les autres le sont aussi et vice versa). Cette corrélation permet la synchronisation des cycles économiques (alternance des périodes de croissance, de stabilisation et de décroissance).Bien que connaissant quelques limites, la manière dont Mundell a formulé le problème à l'origine continue d'influencer des générations d'économistes.

Il est admis et accepté que trois variables d'ajustement sont à prendre en compte pour caractériser une zone monétaire optimale :

- la mobilité des facteurs de production dont notamment celui du travail ;
- les transferts budgétaires ;
- la flexibilité des prix et des salaires.

Il appartient à chacun de considérer que la zone euro et les États-Unis sont des zones monétaires optimales au regard de ces trois variables d'ajustement, ou non.

LE MODÈLE DE MUNDELL-FLEMING ET LA CONSTRUCTION EUROPÉENNE

CONTEXTE

Depuis les années soixante-dix, au lendemain de l'effondrement du système de Bretton Woods (régime de changes fixes), les pays européens connaissent des crises à répétition qui remettent en cause les orientations des politiques économiques des États. Dès les années quatre-vingt qui correspondent à l'entrée dans la période de flottement des monnaies (variations des taux de change), les Européens essaient de neutraliser les forces de déstabilisation des monnaies par des programmes d'ajustement très coûteux.

De ce constat naît l'idée de la nécessité d'une vraie construction monétaire européenne dont la mission serait de faire disparaître les différences entre taux de changes des pays de cette zone. En outre, derrière cet engouement se cache également une volonté commune de remettre en cause la suprématie du dollar américain dans les échanges internationaux.

AVANTAGES RECHERCHÉS

C'est un événement tout à fait singulier que de voir des pays en temps de paix abandonner volontairement leur monnaie nationale pour en adopter une autre, la politique monétaire pouvant être un instrument de régulation macroéconomique. Ceci peut se comprendre à la lecture du *Rapport Delors* (1989) reprenant les désavantages de l'absence d'une union monétaire.

Les avantages de l'union monétaire européenne se distinguent à trois niveaux.

- **Efficience microéconomique de l'union monétaire avec impact sur la croissance :**
  - La suppression des conversions des monnaies les unes par rapport aux autres entraîne une diminution de l'incertitude et incite les entreprises à investir en vue d'étendre leur activité (le marché intérieur correspond désormais à la zone européenne) ;
  - La suppression des coûts de transactions entre les monnaies accroît la mobilité des personnes et des capitaux avec pour conséquence une meilleure allocation des ressources.
- **Stabilité macroéconomique :**
  - Au cœur de la stratégie de l'union monétaire se trouve la Banque centrale européenne (BCE). Jouissant d'une certaine autonomie grâce à un mandat conféré par les états (qui fixe la mission et les moyens pour la remplir), et ce depuis sa création en 1998, elle est la seule à déterminer la politique monétaire à l'échelle de l'ensemble de la zone euro ;
  - L'objectif de la Banque centrale européenne est d'assurer la stabilité des prix. Si celle-ci n'est pas menacée, la BCE peut œuvrer (car il ne s'agit pas de sa mission première) au soutien de l'activité économique en mettant à disposition des agents économiques (ménages, entreprises et institutions publiques) les liquidités nécessaires ;
  - La crédibilité de la Banque centrale européenne est liée à son mandat hiérarchique et à son indépendance. Sa suprématie par rapport aux Banques centrales nationales (mandat hiérarchique) n'entraîne pas la disparition de celles-ci, car elles sont intégrées dans le Système européen de banques centrales (SEBC) et les gouverneurs des Banques nationales siègent au sein de la BCE.
- **Autonomie externe renforcée :**
  - Depuis l'adoption du Pacte de stabilité et de croissance (PSC) en 1997, les États membres sont tenus de redresser la situation dès qu'ils enregistrent un déficit public de leur PIB (produit intérieur brut qui correspond à la somme de la richesse

produite dans un pays en une année) au-delà des 3 %, ainsi qu'une dette publique (totalité des engagements d'un État exprimée en pourcentage du PIB) supérieure à 60 % du PIB ;
- La baisse des taux d'intérêt par la BCE entraîne un déplacement vers la droite de la courbe IS.

PORTÉE DU MODÈLE

Le modèle de Mundell-Fleming s'est imposé comme un argument théorique en faveur d'une union monétaire européenne et donne le cadre général de la politique économique au sein de la zone euro. Ce modèle est toujours riche d'enseignements aujourd'hui. Témoin du lien entre le modèle et l'unification monétaire européenne, Robert A. Mundell obtint le prix Nobel d'économie en 1999, date de l'unification monétaire.

LIMITES ET EXTENSIONS DU MODÈLE DE MUNDELL-FLEMING

LIMITES ET CRITIQUES DU MODÈLE

Le modèle de Mundell-Fleming est critiqué sur un certain nombre de points par différents économistes parmi lesquels les économistes américains Milton Friedman (1912-2006), Anna Schwartz (1915-2012), Lucas Robert Emerson Jr. (né en 1937) et Robert Barro (né en 1944).

- La première critique concerne la diminution des taux d'intérêt suite à l'augmentation de l'offre de monnaie. Anna Schwartz et Milton Friedman montrent qu'un accroissement de la monnaie ne peut pas faire baisser le taux d'intérêt. En effet, la hausse de la quantité de monnaie en circulation engendre une hausse des revenus nominaux (revenus non corrigés par l'inflation) qui elle-même se traduit par une hausse équivalente de la demande de monnaie. De plus, l'augmentation de la quantité de monnaie engendre une hausse des prix. Au final, l'effet d'une augmentation de la quantité de monnaie sur le taux d'intérêt reste inchangé.
- Ce modèle est également critiqué par Lucas Robert Emerson et Robert Barro en raison du manque de fondements microéconomiques (basés sur les comportements des individus) dans la construction de la courbe IS. En effet, toute politique monétaire annoncée avant son entrée en vigueur amène les agents économiques (entreprises et ménages) à adapter leur comportement. Il s'agit du principe des anticipations rationnelles qui conduit toute politique monétaire annoncée à l'échec. Qui plus est pour les deux auteurs, les fluctuations de l'activité économique sont

basées sur des cycles économiques (alternance des périodes de croissance, de stabilisation et de récession). La politique monétaire est donc sans effet sur l'économie réelle.

- D'autres reprochent au modèle que la politique monétaire y est présentée comme la fixation de l'offre de monnaie. Pour les monétaristes, dont notamment Milton Friedman, cette figuration ne correspond pas à la pratique des Banques centrales qui fixent le taux d'intérêt à court terme pour déterminer leurs stratégies monétaires.

- Pour Mundell et Fleming, le stock de capital est constant, raison pour laquelle les deux auteurs se concentrent sur les fluctuations de court terme. Cette vision des choses ne tient pas compte du processus d'accumulation de richesses et d'actifs.

- La cinquième critique adressée au modèle pointe la vision keynésienne rigide de l'épargne qu'il présente. D'après lui, une hausse du déficit public entraîne une hausse du revenu via le multiplicateur keynésien. La hausse du revenu engendre à son tour des hausses de l'épargne et du taux d'intérêt ainsi qu'une diminution des investissements. Cette hypothèse est critiquée par les économistes classiques, qui défendent l'idée selon laquelle, lorsque le déficit de l'État augmente, les agents économiques épargnent davantage car ils anticipent une hausse des impôts et des taxes. Les agents économiques épargnent donc non pour financer l'investissement (modèle de Mundell-Fleming), mais pour payer les impôts futurs résultant de la hausse du déficit public (l'État finance le déficit en prélevant l'impôt).

- Le modèle Mundell-Fleming ne fait pas de distinction entre les obligations, les bons du Trésor (créances émises par l'État et remboursables à une échéance déterminée), les effets de commerce (titres de commerce négociables permettant au bénéficiaire de recevoir une somme d'argent à une date reprise sur le titre), etc. Pour les auteurs, les seuls actifs financiers, qui sont d'ailleurs parfaitement substituables, sont la monnaie et les obligations. Cette caractéristique ne permet pas de rendre compte de la réalité financière et bancaire.

- Enfin, le modèle ne prévoit pas les chocs d'offre tels que les chocs pétroliers. Comme le problème d'offre ne se pose pas, les entreprises fournissent toute la quantité demandée au prix de vente initial.

MODÈLE CONNEXE ET EXTENSION

En 2002, les économistes Javier Ortiz et Carlos A. Rodríguez ont apporté une contribution supplémentaire au modèle Mundell-Fleming en intégrant le facteur risque du pays. Les deux auteurs font l'hypothèse que le risque (probabilité de défaut de paiement dans l'année) d'un pays dépend du déficit public (dette publique) et des avoirs financiers extérieurs de ce pays. Ainsi, un pays qui a une dette publique élevée a un risque élevé, car il est très endetté pour honorer ses engagements. Par contre, un pays qui possède beaucoup d'avoirs financiers extérieurs a un risque faible car il dispose des moyens suffisants pour tenir ses engagements.

Selon leur contribution, une politique monétaire expansionniste (augmentation de la quantité de monnaie en circulation dans un pays) en changes fixes peut accroître le risque-pays et le taux d'intérêt domestique, et réduire la production nationale (revenu national).

Ce résultat se représente difficilement sur un graphique du modèle d'équilibre général car la pente de la courbe IS est négative (l'augmentation du revenu entraîne la baisse du taux d'intérêt) et celle de LM est positive (une hausse du revenu conduit à la hausse du taux d'intérêt).

- Le modèle de Mundell-Fleming est une extension en économie ouverte du modèle d'équilibre macroéconomique IS-LM qui est lui-même une transcription des éléments de la *Théorie générale* de John M. Keynes en termes néoclassiques.
- Ce modèle permet d'analyser différentes situations de change dans le but de comprendre comment le choix entre le taux de change fixe et le taux de change variable affecte l'efficacité des politiques économiques dans une économie ouverte aux échanges internationaux.
- Le modèle de Mundell-Fleming voit le jour dans les années soixante dans un contexte où tous les pays sont liés par des changes fixes au sein du système de Bretton Woods. Il répond à l'incapacité du modèle IS-LM à révéler la réalité économique des États en situation d'ouverture au commerce international.
- Pour saisir les conséquences des échanges internationaux sur l'équilibre intérieur, il faut, ainsi que l'ont montré Robert A. Mundell et Marcus Fleming, intégrer l'équilibre de la balance des paiements au modèle IS-LM.
- L'équilibre global correspond à l'équilibre simultané sur le marché des biens et des services (courbe IS), le marché de la monnaie (courbe LM) et le marché des échanges avec l'extérieur (courbe BP). Cet équilibre est défini à l'intersection des courbes IS-LM-BP. Cela démontre que :
  - une politique budgétaire expansionniste en changes flexibles est inefficace et se traduit par une hausse de la demande inté-rieure. Par contre, en changes fixes, une politique budgétaire se révèle fructueuse : cela se traduit par un taux d'intérêt inchangé et une augmentation du revenu ou du produit natio-nal du pays considéré ;

- une politique monétaire expansionniste en changes flexibles est efficace et se traduit par une dépréciation de la monnaie nationale et une stimulation des exportations sous l'hypothèse de la mobilité parfaite des capitaux. Par contre en changes fixes, une politique monétaire se révèle infructueuse et a pour conséquence la baisse du taux d'intérêt et une tendance à la dépréciation du taux de change.
- Le triangle des incompatibilités de Mundell nous enseigne que l'on ne peut observer conjointement des changes fixes, une parfaite mobilité des capitaux et une politique monétaire propre à chaque État. Il faut nécessairement renoncer à l'un de ces trois éléments.
- Pour Mundell, une zone monétaire optimale représente un ensemble de régions ou de pays dont les relations monétaires sont régies soit par des changes fixes soit par une monnaie unique.
- Malgré les critiques des économistes comme Anna Schwartz, Milton Friedman, Lucas Robert Emerson Jr. et Robert Barro, le modèle Mundell-Fleming s'est imposé comme un argument de poids en faveur de l'unification monétaire européenne.
- En 2002, Javier Ortiz et Carlos A. Rodríguez ont apporté une contribution supplémentaire au modèle Mundell-Fleming en intégrant le facteur risque du pays.

POUR ALLER PLUS LOIN

SOURCES BIBLIOGRAPHIQUES

- ABRAHAM FROIS (Gilbert), *Keynes et la macroéconomie contemporaine*, Paris, Economica, 1991.
- BLANCHARD (Olivier) et COHEN (Daniel), *Macroéconomie*, 3e édition, Pearson Education France, 2004.
- ACADÉMIE LIMOGES, « La balance des paiements », in *BTS Banque*, septembre 2013, consulté le 11 juin 2015.
  http://bts-banque.nursit.com/La-balance-des-paiements
- COMMISSION DES COMMUNAUTÉS EUROPÉENNES, Rapport Emerson. *Marché unique. Monnaie unique. Économie européenne*, Commission des Communautés européennes, n° 44, octobre 1990.
- FRANKEL (Jeffrey) et ROSE (Andrew K.), « The Endogeneity of the Optimum Currency Area Criteria », in *Economic Journal*, juillet 1998, p. 1009-25.
- GUERRIEN (Bernard) et GUN (Ozgur), *Dictionnaire d'analyse économique*, Paris, La Découverte, 2000.
- HANSEN (Alvin H.), *Monetary Theory and Fiscal Policy*, McGraw-Hill, 1949, chap. 5.
- HICKS (John R.), « Mr Keynes and The Classics: a Suggested Interpretation », in *Econometrica*, vol. 5, 1937, p. 147-159.
- KEYNES (John Maynard), *Théorie générale de l'emploi, de l'intérêt et de la monnaie*, Paris, Payot, 1969.
- KRUGMAN (Paul), OBSTFELD (Maurice), MELITZ (Marc) *et al.* *Économie internationale*, 9e édition, Pearson Education France, 2012.
- MUNDELL (Robert A.), « A Theory of Optimum Currency Areas » in *American Economic Review*, vol. 51, 1961, p. 657-665.

- Ortiz (Javier) et Rodríguez (Carlos A.), « Country Risk and The Mundell-Fleming Model », in *Journal of Applied Economics*, vol. 5, n° 2, novembre 2002.
- Padoa Schioppa (Tommaso), « Europe. Monnaie et politique économiques », in *Perspectives européennes*, 1985.
- Pichon-Mamère (Françoise), « Mundell Robert A. (1932-) » in *Encyclopædia Universalis*, consulté le 19 mai 2015. http://www.universalis.fr/encyclopedie/robert-a-mundell/

SOURCES COMPLÉMENTAIRES

- Greffe (Xavier), *Comprendre la politique économique*, Paris, Economica, 1993.
- Lordon (Frédéric), *Les quadratures de la politique économique. Les infortunes de la vertu*, Paris, Albin Michel, 1997.

50MINUTES

Art & Littérature

Business & Econo

Histoire & Sociét

www.50minutes.com

Éditeur responsable : Lemaitre Publishing
Rue Lemaitre 6 | BE-5000 Namur
info@lemaitre-editions.com

ISBN ebook : 978-2-8062-6460-2
ISBN papier : 978-2-8062-6461-9
Dépôt légal : D/2015/12603/210
Photo de couverture : © Andrey Burmakin - Fotolia.com

Conception numérique : Primento,
le partenaire numérique des éditeurs